AF349647

EDICT DV ROY,

PORTANT VENTE ET

alienation aux Preuoſt des Marchands &
Eſcheuins de la ville de Paris, iuſques à la
ſomme de trois cens mil liures de rente annuelle & perpetuelle, à les auoir & prendre
ſur les deniers prouenans de l'impoſition de
trente ſols qui ſe leue ſur chacun muid de vin,
& generalement ſur le reuenu general des
Aydes, pour eſtre par eux vendus & conſti-
tuez par conſtitutions particulieres aux habitans de ladite ville, & autres qui volontaire-
ment les voudront acquerir : à la diſtraction
de trois ſols deſquels ſa Majeſté a faict don à
l'Hoſtel Dieu de Paris.

Verifié en Parlement, Chambre des Comptes,
& Cour des Aydes.

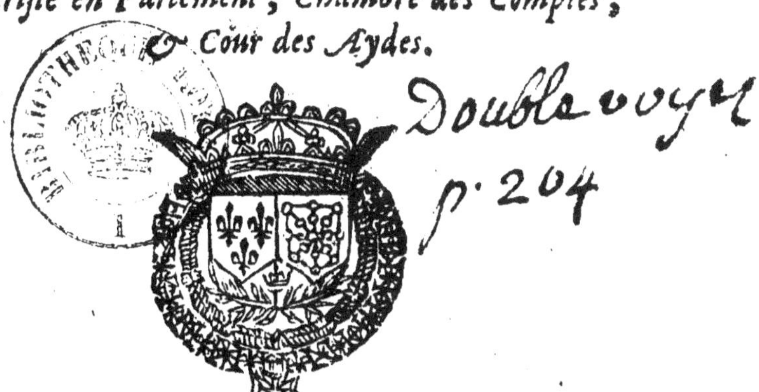

A PARIS,

Chez C. MOREL, P. METTAYER, &
A. ESTIENE Imprimeurs
ordinaires du Roy.

M. DC XXVI.

Auec Priuilege de ſa Majeſté.

LOVIS par la grace de Dieu Roy de France & de Nauar-re, A tous preſens & à venir, Salut. L'eſtat preſent de nos affaires, & les deſpenſes immenſes qu'il nous conuient encor ſupporter le reſte de ceſte annee pour entretenir nos ar-mees, & principalement celles que nous tenons hors noſtre Royaume & ſur les frontieres d'iceluy, pour met-tre fin aux deſſeins & entrepriſes par nous encommencees, pour l'auanta-ge & honneur de ceſte Couronne, & la protection & conſeruation de nos alliez, Nous obligeant auoir recours à de nouueaux moyens extraordinai-res, deſquels nous puiſſions eſtre ſe-courus d'vne notable ſomme, & les grandes charges que noſtre peuple

A ij

du plat pays a supportees depuis quel-
ques annees, ne pouuant donner lieu
à de nouuelles impositions & leueés,
ny la necessité de nos affaires, suppor-
ter les interests excessifs qu'il nous
conuiendroit payer, si nous recher-
chions nostre secours dans les prests
& aduances de deniers, comme il s'est
faict en diuerses occasions pressantes,
Nous sommes contraints auoir encor'recours à vne alienation de nostre reuenu par forme de constitution
de rente, en laquelle nos bons sujects
nous secourans de leurs moyés, trouueront vn employ certain & asseuré
de leurs deniers, sans courre aucun
hazard ny risque. SÇAVOIR FAISONS
qu'apres auoir mis cét affaire en deli-
beration en nostre Conseil d'Estat en
presence de la Royne nostre tres-ho-
noree Dame & mere, d'aucuns Prin-
ces de nostre Sang, Officiers de nostre

Couronne, & autres grands & nota-
bles personnages de nostredit Conseil, De leur aduis & de nostre propre
mouuement, certaine science, plei-
ne puissance & authorité Royale,
Nous auons dit, statué & ordonné,
disons, statuons, ordonnons, voulons
& nous plaist, que par persónes deuë-
ment qualifiees qui seront par nous
commises & deputees, sera vendu &
aliené à nos chers & bien amez les
Preuost des Marchands & Escheuins
de nostre bonne ville de Paris iusques
à la somme de trois cens mil liures
tournois de rente annuelle & perpetuelle, à icelle auoir & prendre spe-
cialement sur les deniers prouenans
de l'imposition de trente sols qui se
leue sur chacun muid de vin entrant
en nostredite ville & Fauxbourgs de
Paris, & sur celuy passant debout par
terre & par eau, & generalement sur

le reuenu general des Aydes de France ; laquelle impofition de trente fols
pour muid de vin , nous auons pour
plus grande feureté des acquereurs
defdits trois cens mil liures de rente,
vnie & incorporee auec nofdits
droits d'Aydes , pour tenir pareille
nature de reuenu , pour fubuenir aux
charges ordinaires de noftre Royaume, que nofdites anciennes Aydes :
lefquelles enfemble ladite impofition de trente fols nous auons dés à
prefent declaré & declarons fpeciale-
ment & reellement affectees,obligees
& hypotequees au payement & con-
ftitution defdits trois cens mil liures
de rente , fans toutesfois preiudicier
aux precedentes ventes & conftitu-
tions de rétes affignees fur nos droits
anciens d'Aydes, lefquels y demeure-
ront hypotequez , comme aupara-
uant ces prefentes:defquels trois cens

mil liures nous voulons & entendons
les ventes & conſtitutions particulieres eſtre faictes par leſdits Preuoſt des
Marchands & Eſcheuins aux parti-
culiers habitans de noſtredite ville, &
autres nos ſubiects, qui volontaire-
ment les voudront acquerir, en nous
payant en deniers comptans le prix
principal, à raiſon de l'ordonnance
au denier ſeize, pour eſtre les deniers
qui prouiendront de ladite conſtitution receuz par le Receueur & payeur
des rentes aſſignees ſur leſdites Aydes
en exercice la preſente annee, & à
meſure qu'il les receura ſeront par luy
payees & deliurees à noſtre Eſpargne
pour employer ainſi qu'il ſera par
nous ordonné, & que nos affaires le
requerront, pour deſdites rentes iouïr
par les acquereurs d'icelles, leurs hoirs,
ſucceſſeurs & ayans cauſe, pleine-
ment & paiſiblement en faire & diſ-

poſer comme de leurs propres choſes, vray & loyal acqueſt, en vertu
des contracts de conſtitution qui
leur en ſeront paſſez pardeuant No-
taires de noſtre Chaſtelet de Paris,
par leſdits Preuoſt des Marchands &
Eſcheuins, & en eſtre payez par chacun an des quatre quartiers, & deux
mois apres chacun d'iceux eſcheu
par les Receueurs & payeurs des
rentes conſtituees ſur noſdites Aydes, en vertu de leurs quittances,
leſquelles ſeront paſſees & alloüees
en la deſpenſe des comptes deſdits
Receueurs ſans aucune difficulté, &
& ne pourront leſdites rentes ny par-
ties d'icelles eſtre retranchees, mode-
rees, ny le payement reculé ou retar-
dé pour quelque cauſe que ce ſoit: &
les acquereurs ou les ayans cauſe de-
poſſedez, ſinon en les rembourſant
actuellement comptant, & à vn ſeul

payement

payement des sommes entieres, pour lesquelles lesdites constitutions auront esté faictes & passees, ensemble des arrerages qui en pourront estre deubs & escheuz lors du rachapt, & de leurs frais & loyaux cousts: lesquels contracts & constitutions nous auons validees & auctorizees, validons & auctorizons par ces presentes, voulons qu'ils ayent pareille force & vertu, comme s'ils estoient faicts & passez en nostredict Conseil. Et sur ce qui nous a esté remonstré par les administrateurs de la maison & hospital de l'Hostel-Dieu de nostredite ville de Paris que ladite maison se trouue en tres-grande necessité, & iusques à telle extremité, qu'ayant engagé vne grande partie de son reuenu pour les despenses extraordinaires faictes depuis six annees consecutiues, tant aux deux maisons &

hofpitaux de la fanté, pour la nour-
riture, traictement des malades de la
contagion, dont ladite ville a efté
quafi continuellement affligee, & les
villages circonuoifins, pendant ledit
temps, que pour l'entretenement des
Officiers neceffaires pour les feruir, &
en auoir foin: comme auffi pour fubuenir au grand nombre de malades
d'autres maladies qui affluent iour-
nellement audit Hoftel-Dieu, y en
ayant toufiours eu depuis quelque
temps iufques à douze ou treze cens,
outre les Ecclefiaftiques, Religieufes,
Officiers & feruiteurs de ladite maifó,
qui font au nombre d'enuiron deux
cens, & pour les baftimens faicts pour
accroiffement de logement en ladite
maifon, & reparations: pour lefquelles il eft enuiron deub aux entrepre-
neurs plus de foixante mil liures,
pour le payement defquels le reuenu

est saisi : tellement qu'il est impossi-
ble que ledit Hospital puisse subsi-
ster, s'il n'y est promptement par
nous pourueu, ne pouuant plus espe-
rer secours d'ailleurs, le Casuel qui
consistoit en grandes aumosnes &
doubloit le reuenu, estant reduit à si
peu qu'il ne reuient pas pour le pre-
sent à vn sixiesme de ce qu'il mon-
toit il y a vingt ans: Meu de charité
enuers les pauures, & desirant imiter
la pieté des Roys nos predecesseurs,
Nous auons arresté d'accorder & faire don audit Hostel-Dieu par forme
de dotation pour en accroistre le reuenu de trois sols par distraction de
ladite imposition desdits trente sols
pour muid de vin : pour en estre faict
& disposé par lesdits administrateurs
ainsi qu'ils verront estre bon, soit
de iouïr dudit droict, ou le bailler
à ferme, ou constituer rente sur ice-

B ij

Iuy,au choix defdits adminiftrateurs,
& felon qu'ils trouueront le plus ad-
uantageux pour ladite maifon. Et
aduenant qu'ils nous requierent de
leur octroyer ladite diftractiõ defdits
trois fols, en ce cas ladite conftitutiõ
de trois cens mil liures demeurera
reduicte iufques à ce à quoy monte-
ront les vingt-fept fols reftans à ladite raifon du denier feize. S I DON-
N O N S en mandement à nos amez &
feaux Confeillers les gens tenans noftre Cour de Parlemét, Chambre des
Comptes,& Cour de nos Aydes à Paris,que ces prefentes ils facét lire, pu-
blier & regiftrer, & le cõtenu en icelles inuiolablement garder & entretenir felon fa forme & teneur, nonob-
ftant oppofitiõs ou appellatiõs quelf-
conques, pour lefquelles & fans pre-
iudice d'icelles ne voulons eftre dif-
feré, & tous Edicts, Arrefts, Regle-

mens & lettres à ce contraires: Car tel est noſtre plaiſir. Et afin que ce ſoit choſe ferme & ſtable à touſiours, nous auõs faict mettre & appoſer noſtre ſeel à ceſdites preſentes, ſauf en autres choſes noſtre droict & l'autruy en toutes. Donné à Paris au mois de Feurier l'an de grace mil ſix cés vingt ſix : & de noſtre regne le ſeizieſme. Signé, LOVIS. Et ſur le reply, Par le Roy. DE LOMENIE : & à coſté, VISA. Et ſeellé du grand ſceau de cire verte ſur lacs de ſoye rouge & verte. Et ſur ledit reply eſt encores eſcrit:

Leu, publié & regiſtré, Ouy & ce conſentant le Procureur General du Roy à Paris en Parlement le Roy y ſeant, le 6. iour de Mars 1626.

Signé,   *DV TILLET.*

Leu, publié & regiſtré en la Chambre des Comptes, Ouy le Procureur General du

Roy par le commandement de sa Majesté, porté par Monseigneur son frere venu exprés en ladite Chambre, assisté des Sieurs Dornano Mareschal de Frāce, De Champigny, & de Leon, Conseillers en ses Conseils d'Estat & Priué, le sixiesme iour de Mars mil six cens vingt-six.

Signé,   BOVRLON.

Leu, publié & registré par le commandement du Roy, porté par Monseigneur le Comte de Soissons; Assisté des Sieurs Barentin & Aubry, Conseillers au Conseil d'Estat de sa Majesté, Ouy ce consentant le Procureur General dudit Seigneur; A Paris en sa Cour des Aydes les Chambres assemblees, le sixiesme iour de Mars mil six cens vingt-six.

Signé,   PAVLMIER.

Collationné à l'original, par moy Conseiller, Notaire & Secretaire du Roy.